LE
MONDE INVISIBLE

PAR

AUG. GLARDON

LAUSANNE   PARIS

Arthur Imer,   •   Paul Monnerat,
éditeur.   rue de Lille, 48.

1884

LE MONDE INVISIBLE

Lausanne. — Imp, Georges Bridel.

LE MONDE INVISIBLE

I

Y a-t-il un monde invisible ?

Cette question ne date pas d'hier. Il y a trois mille ans qu'un souverain de la Palestine disait dans un langage plein d'assurance : « Les cieux racontent la gloire de Dieu, et l'étendue manifeste l'œuvre de ses mains; mais l'insensé dit en son cœur : Il n'y a point de Dieu. » Vers le même temps, les théistes de l'Inde engageaient une contro-

verse, encore pendante, avec une secte qui
se vantait d'expliquer l'univers sans l'hypothèse d'une divinité. A une époque plus re-
culée, en Chine, des philosophes athées prê-
chaient une sagesse toute terrestre à des
foules moins soucieuses de les écouter que
de s'entretenir avec les esprits des ancêtres.
Aussi haut qu'on remonte, aussi bas qu'on
descende dans l'histoire de la race humaine,
on la trouve partagée en deux camps : les
croyants et les non-croyants, les déistes et les
athées, les spiritualistes et les matérialistes.

Ceux-ci ne voient rien au delà du monde
matériel ; ils expliquent tous les phénomènes,
de quelque ordre qu'ils soient, par des causes
dont le siège est dans la matière. L'univers
est une grande machine autonome, d'origine

inconnue, où tout s'enchaîne, grâce à des lois fatales qui ne laissent place qu'en apparence à des mouvements spontanés.

Pour les autres, l'univers matériel n'est pas tout. Il est enveloppé et comme pénétré d'un autre univers qu'on appelle le monde invisible, où résident les causes supérieures, subordonnées elles-mêmes à une cause première à laquelle on a donné le nom de Dieu.

Entre ces deux conceptions contradictoires de l'univers, un conflit était inévitable. Quand a-t-il commencé ? Nul ne saurait le dire. Il existe et se perpétue de siècle en siècle, tantôt plus violent, tantôt plus faible, sans que l'un des antagonistes parvienne à réduire son adversaire au silence, bien que l'un et l'autre aient pour habitude de s'attribuer la

victoire. Qui présumerait de chanter victoire aussi longtemps que dure la bataille ?
L'ennemi qui se relève, l'ennemi qui lutte,
n'est pas vaincu.

Pendant longtemps le combat se livra dans
les régions abstraites de la métaphysique, les
idées contradictoires se croisant dans l'air
comme des épées qui se cherchent sans se
rencontrer.

Les spiritualistes disaient : Le monde a un
commencement dans le temps et une limite
dans l'espace. Les matérialistes affirmaient,
au contraire, que le monde n'a ni commencement dans le temps ni limite dans l'espace.
Et la raison, consultée, donnait successive-
ment son approbation à l'un, puis à l'autre
point de vue, avec une égale logique.

Les spiritualistes disaient encore : Le principe de causalité ne suffit pas à expliquer le monde. De cause en cause il faut nécessairement remonter à une cause première, Dieu, qui n'a point de cause et qui est la source libre, spontanée, de toute la série des causes et des effets. A quoi les matérialistes répondaient : Dieu et la liberté sont des idées sans réalité ; la raison persiste à demander quelle est la cause qui détermine dans un sens ou dans l'autre la liberté de Dieu.

Même antagonisme au sujet de l'homme. Aux uns il apparaissait comme un être fatalement déterminé par une foule de conditions, sa naissance et son développement étant soumis à des lois inflexibles. Pour eux, l'homme était un esclave.

Les autres voyaient en lui un être libre et responsable, et ils ne manquaient pas d'arguments pour montrer qu'en effet l'homme est responsable et qu'il est libre.

Depuis un demi-siècle, la lutte a quitté le terrain de la métaphysique pure pour se transporter sur celui des sciences naturelles. Mais la question n'a pas changé; c'est toujours celle des origines et de la finalité, du pourquoi des choses.

Autrefois, lorsqu'on croyait à la fixité immuable des espèces, et qu'on n'avait pas encore démontré l'intimité des relations organiques qui enchainent les uns aux autres tous les êtres vivants, depuis l'algue marine et l'infusoire jusqu'à l'homme, il était aisé d'admettre des créations spéciales, partant l'intervention d'un créateur. Aujourd'hui, on entrevoit la possibilité d'une lente transformation des espèces. Supposons-la démontrée. Acceptons même que le monde organique tout entier soit sorti par évolutions successives du monde inorganique, et que l'homme ait pour ancêtre non pas seulement le singe, le mollusque ou la plante, mais la pierre, un gaz, moins que cela, une cellule, origine du monde entier. Alors même les spiritualistes ne seraient pas vaincus ; leurs adversaires n'auraient fait que reculer la question. Resterait toujours à se demander : 1° d'où provient le protoplasme primitif qui a servi de point de départ à toute la série. — 2° sous l'influence de quelles causes le développement a commencé.

Car, le supposer l'effet du hasard, admettre
que ces merveilles de transformation, depuis
l'unité primitive jusqu'à l'infinie variété et
l'harmonie des formes actuelles, se sont opé-
rées spontanément, aveuglément, sans idée
préconçue, sans aucun plan, la raison humaine s'y refusera toujours.

La même contradiction apparaît entre
matérialistes et spiritualistes dans les questions de physiologie.

Les premiers vous disent : Les éléments
chimiques de la matière brute et de la matière vivante sont identiques. Les conditions
des phénomènes inorganiques et celle des
phénomènes organiques sont identiques. Donc
toutes les manifestations de la vie, même in-
tellectuelle, même morale, ne sont en der-
nière analyse que le produit de combinaisons

physico-chimiques. L'unité de l'être, sa liberté, sa spiritualité, la finalité de ses actes ne sont que des illusions.

A cela, les autres répondent : Quand on nous dit que l'organisme des êtres vivants n'est qu'un laboratoire où tout se passe en combinaisons des éléments matériels primitifs, on oublie que ce laboratoire est habité par un hôte intime, le principe vital. Ici la combinaison chimique ne se fait pas toute seule ; elle s'opère sous l'action d'une cause, qui en transforme les éléments de façon à faire un produit d'ordre nouveau qui s'appelle la vie. C'est le vivant qui crée la vie.

Et Claude Bernard ajoutera :

« Ce qui est essentiellement du domaine de la vie et ce qui n'appartient ni à la physique, ni à la chimie, ni à rien autre chose, c'est l'idée directrice de cette évolution vitale. Dans tout germe vivant il y a une idée créatrice qui se développe et se manifeste par l'organisation. Pendant toute sa vie, l'être vivant reste sous l'influence de cette même force créatrice, et la mort arrive lorsqu'elle ne peut plus se réaliser. Ici, comme partout, tout dérive de l'idée qui, elle seule, crée et dirige. La vie, c'est la création. »

Ailleurs, Claude Bernard donne à cette idée directrice du développement organique le nom qui lui appartient, le nom d'âme.

Voici enfin deux citations d'ouvrages récents, qui nous paraissent résumer le grand débat sous sa forme actuelle. La première est tirée d'un essai de M. Alfred Fouillée sur la morale contemporaine :

« Rejeter le bien immuable des philosophes, se contenter du vrai comme les savants et se persuader que le grand mal est l'erreur ou l'ignorance... se détourner de la laideur et se mettre à l'abri de la férocité sans haine et sans colère ; se redire que chaque être est ce qu'il peut être, que le tigre est un « estomac qui a besoin de beaucoup de chair, » l'ivrogne, « un estomac qui a besoin d'alcool, » le criminel, « un cerveau qui s'injecte de sang ; » en face de tout garder le calme de la science positive, qui constate les phénomènes sans les injurier, qui les classe sans les condamner,... telle est l'attitude que l'homme doit garder en face de la nature et en face de l'humanité.... Il n'y a plus pour la science moderne et pour la morale elle-même d'autre absolu (lisez : d'autre Dieu) que la nécessité, maîtresse de l'univers.... De nos jours, elle n'a fait qu'ajouter à tous ses noms un nom nouveau : elle s'appelle *Evolution.* »

Nous extrayons notre seconde citation d'un article de M. Vacherot sur la philosophie des causes finales :

« Nous consentons bien à ne pas faire du Dieu vivant quelque chose d'immuable et d'immobile dans sa nature abstraite.... Est-ce une raison pour le soumettre à la catégorie du devenir, comme ses œuvres ? Non, nous comprenons tout autrement la cause finale suprême. Puissance éternelle, universelle, infinie en tous sens, elle reste distincte de ses créations, non pas comme cause étrangère et extérieure au monde qu'elle crée éternellement et incessamment, mais en ce sens qu'elle garde toute sa fécondité, toute son activité, tout son être, après toutes les œuvres qui s'échappent surabondamment de son sein, en ce sens qu'elle demeure seule, quand tout le reste ne fait que passer, qu'elle demeure non pas immobile dans la majesté de sa nature silencieuse et solitaire, puisque sa nature est l'activité même, mais toujours avec la même énergie de création, en sa qualité de puissance infinie. »

Entre ces affirmations absolument contradictoires qui se reproduisent sur tous les points depuis des milliers d'années, qui décidera? Tout ce que la raison humaine peut inventer d'arguments sur le sujet a été mis en avant des centaines et des milliers de fois; les intelligences les plus diverses s'y sont exercées, le génie de toutes les races humaines s'y est donné carrière. Tout a été dit, la cause est instruite; mais je le demande encore, qui décidera? Ne voit-on pas que le problème est insoluble et que la lutte n'aura point de terme?

Pourquoi les deux systèmes rivaux sont-ils condamnés à se combattre toujours sans se vaincre jamais? Tel est le point que nous voudrions éclaircir.

II

La raison humaine a des ambitions dérai-
sonnables, des curiosités indiscrètes : elle a
déjà perdu beaucoup de temps à s'occuper de
ce qui ne la regarde pas. Elle dépasse évi-
demment ses limites lorsqu'elle sort du domaine de l'expérience, parce qu'alors elle
s'appuie sur le vide et que ses raisonnements
manquent de base.

Sa vraie tâche, c'est d'étudier les phénomènes et de rechercher les lois qui y prési-
dent. Elle peut arriver à comprendre le

comment des choses ; leur pourquoi lui échappera toujours. Nous ne pouvons connaître par son moyen que nos sensations et nos idées ; ce que ces sensations, ce que ces idées représentent est à jamais hors de la portée de notre raison. Descartes disait : « J'ai l'idée de Dieu, donc Dieu existe. » — Erreur : Tu as l'idée de Dieu, donc... tu as l'idée de Dieu ; voilà tout. Si Dieu existe, nous pouvons connaître ses œuvres ; lui-même, notre raison ne peut ni l'atteindre ni le définir.

Même impuissance au sujet de l'immortalité de l'âme et même de son existence. Les théories de Platon sont ingénieuses ; elles manquent de base. C'est une série d'hypothèses, données pour des probabilités.

Il en est de même dans tous les départements de la science. Les rapports des choses entre elles, leurs manifestations sensibles sont à notre portée; impossible d'atteindre aux choses elles-mêmes. Je n'en veux pour preuve que les efforts infructueux d'un des esprits les plus pénétrants de notre pays, M. Ernest Naville, pour définir les choses de l'ordre moral. Tous ses raisonnements se réduisent à ceci : « Qu'est-ce que le bien ? Le bien, c'est ce qui doit être. — Qu'est-ce qui doit être ? L'ordre. — Qu'est-ce que l'ordre ? C'est la loi. — Qu'est-ce que la loi ? La loi, c'est la volonté de Dieu. — Qu'est-ce que Dieu veut ? Dieu veut le bien. — Nous voici ramenés à notre première question : Qu'est-ce que le bien ?

Tel est, comme l'a montré M. Eug. Rambert, le cercle vicieux dans lequel tourne la raison humaine, lorsque, non contente d'établir les relations des choses, elle entreprend de faire connaissance avec les choses elles-mêmes.

Les positivistes ne sont pas plus avancés. Ecoutons M. Alfred Fouillée :

« Qu'est-ce que le bien ? demande M. Taine. Pour le savoir, consultons l'expérience et la logique. La nutrition est dans une plante un fait principal, dominateur, dont beaucoup d'autres ne sont que la préparation ou la suite. On peut donc dire que la plante tend à se nourrir, que la nutrition est pour elle une fin, un bien. Généralisez : le groupe de faits principaux qui constitue un être est le bien de cet être. Voilà la définition du bien. »

En savons-nous beaucoup plus qu'auparavant sur ce qui constitue l'essence du bien ?

Notons que si les preuves manquent pour établir rationnellement l'existence de l'âme, du bien ou de Dieu, les arguments par lesquels on chercherait à expliquer leur non-existence tombent également à faux. Soit pour l'attaque, soit pour la défense, la raison est impuissante ; ce terrain lui est interdit.

Diderot, le père des transformistes contemporains, le philosophe bel esprit qui se moquait du « prétendu Créateur, » Diderot faisait mélancoliquement l'aveu de cette impotence de la raison : « Qu'aperçois-je ? dit-il dans son traité de physiologie. Des formes. Et quoi encore ? Des formes. J'ignore la chose. Nous nous promenons entre des ombres, ombres nous-mêmes pour les autres et pour nous. »

Si les doctrines chères aux spiritualistes sont à l'abri des attaques de la raison, celles des matérialistes ne le sont pas moins. Pour leur montrer que la matière n'est pas tout dans l'univers, il faudrait savoir ce que c'est que la matière ; mais on ne le saura jamais. On prétend aujourd'hui que ce n'est que du mouvement. Le mouvement de quoi ? Jusqu'à ce qu'on me l'ait montré, je prendrai la liberté, avec Claude Bernard, d'appeler hasardée toute affirmation au sujet de ce qui est ou n'est pas dans l'univers. Le fait est patent, il saute aux yeux : nos plus grands savants sont aussi ignorants sur cette question de l'essence des choses que les sauvages de la

Polynésie. La raison peut faire des conjectures, elle est absolument incapable de les vérifier. Mieux lui vaudrait renoncer une fois pour toutes à ces folles tentatives, et se contenter modestement d'étudier le merveilleux *comment* de cet univers, dont le mystérieux *pourquoi* est insaisissable. On ne verrait plus ce triste spectacle de gens également estimables, mais d'avis diamétralement opposé, perdre leur temps dans une querelle sans issue et sans profit.

Ainsi la raison étant écartée comme incompétente, la question se réduit à ceci : que les uns croient au monde visible seulement, et que les autres croient à la fois au monde visible et à l'invisible. Les uns et les autres croient sans preuves rationnelles. Ils croient parce qu'ils croient ; voilà tout.

III

Cherchons à nous expliquer d'où provient cet antagonisme entre les croyances des hommes, l'abîme qui sépare les convictions d'un Littré ou d'un Haeckel de celles d'un Vacherot, les affirmations d'un Carl Vogt de celles d'un Ernest Naville.

Ecartons d'abord comme injustifiable le reproche de mauvaise foi adressé quelquefois aux matérialistes, d'hypocrisie aux spiritualistes. Ce n'est pas qu'on ne puisse rencontrer des gens peu scrupuleux dans l'un et l'autre camp. Parmi ceux qui se vantent le plus haut de ne croire qu'à ce qu'ils voient, il en est sans doute qui se vantent à tort, fanfarons de l'indépendance, ou cœurs corrompus, qui seraient bien aises de se persuader que le Juge suprême n'existe pas. Mais il est aussi des hommes sincères parmi les matérialistes ; je croirais leur faire injure en défendant la cause de leur loyauté.

Quant à l'opinion trop répandue que les personnes qui croient au monde invisible sont des hypocrites, elle est bien irréfléchie. Il y a partout des hypocrites ; mais quand des hommes sont prêts à faire pour leurs croyances le sacrifice de leur repos, même de leur vie, les accuser d'être des hypocrites, ce ne serait pas seulement les calomnier, ce serait faire soi-même preuve d'ineptie.

Cherchons ailleurs l'explication de cette divergence fondamentale. Serait-ce affaire de volonté ? On pourrait le penser, quand on entend les uns accuser leurs adversaires de croire ce qu'ils veulent, les autres de ne vouloir pas croire. Mais il y a là un malentendu. Ne croit pas qui veut ; toute conviction digne de ce nom est indépendante de la volonté. On croit parce qu'on a des motifs de croire ; on croit, parce qu'on comprend ou parce qu'on voit. Si je vous demandais de croire au monde invisible sur l'autorité d'autrui, vous auriez raison de me récuser. La conviction ne saurait se fonder que sur une évidence, de quelque nature qu'elle soit. Qui dit foi ne dit pas crédulité. Quand les théologiens nous disent qu'il faut croire sans comprendre, ils ont tort ou raison selon l'acception qu'ils donnent au mot comprendre. Ils ont raison, s'ils nous demandent de croire au monde invisible sans preuves rationnelles ; puisque, nous l'avons vu, la raison n'a rien à voir ici. Ils auraient tort, s'ils prétendaient nous obliger à croire sans évidence d'aucune sorte. Dans ce sens, croire sans comprendre serait un métier de dupe.

C'est ici qu'il importe de placer une distinction légitime. Le cœur a des raisons de croire que la raison ne comprend pas. Entendons-nous ; nous ne parlons pas du cœur, organe des affections, — quoi de plus décevant que le sentiment ? — mais du cœur, centre de la personnalité humaine, du cœur, foyer de la vie, de cet être invisible, insaisissable, qui s'affirme au fond de l'organisme humain et qui dit : *Moi*.

Son vrai nom, c'est l'esprit, le πνεῦμα des Grecs. Ma raison, ce n'est pas moi, c'est un de mes organes, celui que j'ai chargé de s'acquitter de mes fonctions intellectuelles. Quand j'ai obligé ma raison à constater les limites de sa compétence, j'ai le droit de la prier de se tenir dans ces limites. Et elle m'obéit, parce qu'elle sait que je ne lui demande rien qui ne soit raisonnable.

Nous avons constaté qu'il y a un domaine interdit à la raison, celui du pourquoi, celui des origines et de la finalité. D'où viens-je ? où vais-je ? qui suis-je ? qu'est-ce que le monde ? Chacune de ces questions est une barrière que ma raison ne saurait franchir.

Mais par delà ces barrières, il faut bien qu'il y ait quelque chose ; sans cela, ces questions n'auraient pas leur raison d'être, et nous savons qu'elles sont impérieuses, qu'elles exigent une réponse et qu'elles la veulent catégorique.

Or, ce quelque chose, c'est le domaine de l'esprit. Il y entre, quand il s'est placé dans les conditions voulues. Il se promène librement dans ce monde invisible d'où toutes choses émergent et où elles rentrent. Monde de l'esprit, mon esprit y est chez soi. Il y perçoit les choses invisibles immédiatement, au moyen d'une faculté spéciale d'intuition grâce à laquelle pour voir l'invisible il se passe de la raison, comme il se passe de l'imagination et du sentiment. La conviction se forme en lui sans qu'il ait besoin de preuves rationnelles ; car, ces choses invisibles, il les voit. Ainsi la foi, la vraie, est une aperception immédiate, une vue de ces objets d'ordre spirituel que l'œil n'a jamais vus et que l'oreille n'entendra jamais.

Il en est de cette faculté d'intuition comme de la faculté visuelle qui a l'œil pour organe. C'est un sens moral, destiné à percevoir immédiatement, sans preuves rationnelles, les choses de l'esprit ; tout comme le sens physique de la vue nous permet de percevoir immédiatement, sans preuves rationnelles, les choses de la matière.

J'ouvre les yeux à la lumière, j'aperçois des objets matériels. Est-il besoin qu'on me démontre l'existence de ces objets ? ma raison a-t-elle dû entrer en exercice pour que je les voie? Nullement; sa fonction sera de les apprécier; je les ai vus sans son concours.

De même, l'œil de mon esprit, ouvert sur ce monde invisible où, depuis trente siècles, la métaphysique tente en vain de pénétrer, y discerne nettement les choses invisibles. Qu'ai-je besoin de preuves, quand j'ai l'évidence de mes sens? Et que peuvent contre ma conviction, je vous le demande, les raisonnements des incrédules, puisque cette conviction, formée en dehors et au-dessus de tout exercice de la raison, s'appuie sur la vue même des objets dont on voudrait me contester l'existence? Tous leurs arguments, de quelque nature qu'ils soient, viennent se briser contre cette simple affirmation : Je

crois, parce que je vois. Et c'est pourquoi
l'homme qui croit au monde invisible, quand
ses adversaires à bout d'arguments en vien-
draient à le frapper, se laisserait plutôt frapper à mort que de renoncer à ses convictions.
Ce n'est pas parce qu'elles lui sont chères,
mais parce que, pour y renoncer, il faudrait
qu'il s'arrachât les yeux de l'esprit. « La notion de Dieu, disait un jour le grand physi-
cien Faraday, arrive à mon esprit par des
voies aussi sûres que celles qui nous con-
duisent à des vérités de l'ordre physique. »

Des considérations qui précèdent, on a, nous
semble-t-il, le droit de conclure que s'il est
des gens assez malheureux pour ne voir pas
les choses de l'esprit, c'est qu'ils sont privés
de l'usage d'un sens, soit que ce sens leur

manque, soit que les circonstances en aient contrarié le développement.

L'apôtre saint Paul était déjà arrivé aux mêmes conclusions. Il écrivait aux Corinthiens : « Nous parlons des choses spirituelles non avec les discours qu'enseigne la sagesse humaine (voilà la métaphysique mise de côté), mais avec ceux qu'enseigne l'esprit, employant un langage spirituel pour les choses spirituelles. Mais l'homme psychique ne comprend pas ces choses; elles sont une folie pour lui; et il ne peut les connaître, parce qu'on les discerne par l'esprit. »

IV

Les matérialistes se récrient. Ils trouvent que nous nous faisons la part belle en nous attribuant un sixième sens dont ils seraient dépourvus. Qu'ils nous permettent de faire remarquer que ce n'est pas nous qui leur refusons le sens moral. Ils avouent eux-mêmes en être privés, lorsqu'ils déclarent qu'il n'y a rien au delà du monde matériel. Vous affirmez ne pas voir des objets qui frappent distinctement nos regards; comment échapperions-nous à la constatation de ce fait : que

nous voyons des choses que vous ne voyez
pas, que nous avons pour les choses de l'esprit un organe de vision que vous ne possédez
pas ?

Il est vrai qu'on nous conteste cette vue de
l'invisible. La foi aux choses invisibles, dit-on,
est une affaire d'habitude, de tradition, le résultat de l'éducation.

Je commence par accorder que cela est
vrai dans un nombre infini de cas. Toute res-
pectable que soit la foi traditionnelle, elle
n'est qu'un jugement formé sans examen,
c'est-à-dire un préjugé. Croire aux choses
invisibles sur le témoignage d'autrui, ce n'est
pas les voir ; c'est admettre leur réalité sans
évidence positive. Tels, les pharisiens d'autrefois. Sur l'autorité de Moïse qui, lui, avait vu

l'invisible, ils admettaient l'existence de Jého-
vah ; ils ne le voyaient pas. Ils n'avaient pas
la foi qui naît de la vue ; c'étaient des aveugles qui s'illusionnaient.

Or les spiritualistes dont les croyances ne
reposent que sur la foi traditionnelle sont
sujets au doute. Qu'un accident imprévu
ébranle leur confiance dans la personne ou
dans le livre qui pour eux faisait loi, aussitôt
leur foi, n'ayant plus de base, s'écroule.

Mais de ce que la foi est de tradition dans
beaucoup de familles, il ne résulte pas que
l'objet de la foi soit sans réalité. Il y a dans
le monde nombre de familles chez lesquelles
se perpétue la tradition de l'existence des
étoiles ; est-ce à dire pour cela que l'existence
des étoiles soit un préjugé traditionnel ?

J'ai connu des matérialistes issus de parents spiritualistes. J'ai connu deux frères élevés de la même manière, au même foyer : l'un était chrétien, l'autre athée. J'ai connu des hommes qui, après avoir consumé une moitié de leur vie dans l'incrédulité, passaient en un jour du scepticisme au spiritualisme, et, pour employer le mot de l'évangile qui est ici le mot propre, des ténèbres à la lumière. Pour que votre explication fût probante, il faudrait que tous les faits concordassent avec elle et que, fatalement, tout fils d'incrédule fût incrédule, tout fils de croyant fût croyant. Il n'en est point ainsi. Qu'on ne vienne donc pas nous parler de nécessité ; la foi à l'invisible n'est pas nécessairement le produit de l'éducation. En elle-même, elle est indépendante et se manifeste dans les circonstances les plus diverses.

On dit encore : L'histoire montre que les siècles de foi ont été des siècles d'ignorance, et que les siècles de science sont des siècles d'incrédulité. D'où l'on conclut que la foi est le produit de l'ignorance, et qu'il suffit de s'élever sur les sommets radieux de la science pour voir se dissiper les fantômes de l'imagination.

On oublie, en raisonnant de la sorte, que deux faits simultanés ne sont pas nécessairement dans les relations de cause à effet. Il faudrait prouver que la foi, — nous ne disons pas la crédulité, — est le produit de l'ignorance; on ne l'a pas fait. L'observation ne confirme nullement cette théorie, construite sur des apparences. Quand on y regarde de près, on s'aperçoit que dans les siècles d'ignorance il y avait déjà des incrédules, probablement en aussi grand nombre qu'aujourd'hui; seulement, à ces époques de barbarie, ils avaient moins de hardiesse, la tolérance n'étant pas le fait des institutions antiques. Il y avait des esprits-forts chez les Indiens au temps de Christophe Colomb; il y en avait parmi les Aryas qui envahissaient l'Inde, il y a trois mille ans. Ces théories transformistes qui doivent faire la gloire des nations modernes et les affranchir à jamais des entraves de la religion, Héraclite les professait en Asie Mineure cinq cents ans avant Jésus-Christ, Empédocle à Agrigente, Lucrèce au sein du monde superstitieux de la Rome antique.

Pourquoi n'ont-elles pas affranchi les générations d'alors?

Aujourd'hui, si l'on rencontre des incrédules parmi les savants, la science en est certes innocente. Chez les ignorants, la proportion d'incrédules est bien plus forte; et M. Ernest Renan avoue qu'après tant d'études critiques et philosophiques, il n'est pas plus avancé qu'un gamin de Paris.

« Je l'avoue, dit-il, je me sens parfois humilié qu'il m'ait fallu cinq ou six ans de recherches ardentes, l'hébreu, les langues sémitiques, Gesenius, Ewald et la critique allemande, pour arriver juste au résultat que ce petit drôle atteint tout d'abord et comme du premier bond. »

L'aveu est significatif, bon à enregistrer: Gavroche, avec son ignorance crasse, aussi

dégagé de toute croyance que M. Renan avec
son érudition ! Comment oser prétendre après
cela que la foi va de pair avec l'ignorance, le
scepticisme avec la science ?

Remarquons au surplus, et pour compléter
l'évidence, qu'il y a aujourd'hui, — la statis-
tique le montre, — plus de croyants qu'au
temps de Voltaire, bien que notre siècle soit
plus instruit que le sien. Jamais les croyants
n'ont été aussi nombreux qu'à notre époque,
l'époque par excellence des méthodes scientifiques. Or il n'est point avéré qu'aujourd'hui
les hommes de foi soient tous des ignorants
ou des pauvres d'esprit. Il est, au contraire,
bon nombre de savants qui, tout savants
qu'ils sont, ne dédaignent point d'affirmer
leur foi au monde invisible. J'estime qu'un

Max Muller, pour ne parler que d'orienta-
listes, vaut bien un Ernest Renan, quoiqu'il
ne se fasse pas gloire comme celui-ci d'être
« dégagé de toute opinion et placé au point de
vue d'une bienveillante ironie universelle. »
Et n'avons-nous pas entendu récemment, à
l'Académie française, un des représentants
les plus autorisés de la science contemporaine, M. Pasteur, proclamer en termes non
équivoques sa foi au surnaturel ?

« Au delà de cette voûte étoilée, qu'y a-t-il ?
De nouveaux cieux étoilés? Soit ! Et au delà ?
L'esprit humain, poussé par une force invin-
cible, ne cesse jamais de se demander : qu'y
a-t-il au delà ? Veut-il s'arrêter dans le temps
ou dans l'espace, comme le point où il s'ar-
rête n'est qu'une grandeur finie, plus grande
seulement que toutes celles qui l'ont précé-

dée, à peine commence-t-il à l'envisager,
que revient l'implacable question, sans qu'il
puisse faire taire le cri de sa curiosité. Il ne
sert de rien de répondre : Au delà sont des
espaces, des temps et des grandeurs sans
limites. Nul ne comprend ces paroles. Celui
qui proclame l'existence de l'infini, et personne n'y peut échapper, accumule dans
cette affirmation plus de surnaturel qu'il n'y
en a dans tous les miracles de toutes les reli-
gions. »

Les positivistes parlent d'illusions. Une de
leurs plus étranges illusions consiste à penser qu'ils ont le monopole de l'indépendance
d'esprit et de la clairvoyance, que leurs adversaires sont de pauvres diables dépourvus
de sens et trop faibles d'esprit pour s'éman-
ciper de traditions surannées. Cette préten-

tion fait sourire. J'ai lu leurs ouvrages les plus savants, car

Je joue aussi de la flûte...

j'ai assisté en observateur attentif à leurs analyses les plus délicates, j'ai suivi le fil de leurs déductions ; et quoique mon intellect n'ait rien de transcendant, leur savoir n'a pas eu pour moi des sommets inaccessibles. J'ai parfaitement saisi les arguments de leur naturalisme et leurs raisons de nier le monde invisible. Je les ai compris et jugés.

Ils ont une façon que je trouve plaisante d'accaparer le domaine des sciences naturelles, comme si c'était là leur propriété particulière. Permettez ! ce domaine est à moi aussi bien qu'à vous. Comme vous et au même titre que vous, j'étudie les phénomènes et m'efforce d'en trouver les lois. J'ai de plus que vous le monde invisible ; voilà toute la différence entre vous et moi. Et quand vous m'accusez ou d'avoir l'intelligence faible ou d'être l'esclave du préjugé, vous usez d'un argument que je pourrais rétorquer contre vous.

Dans cet univers, vous ne voyez que les choses visibles, d'ordre inférieur. Si vaste qu'il vous paraisse, je le trouve petit. Par delà le monde de la matière et de l'espace, en dehors de la notion du temps, j'aperçois un autre univers, d'ordre immatériel, le monde de la volonté, de la liberté, de l'amour, le monde de la vraie puissance. Vous avez fait des tours de force pour démontrer que « notre sentiment désintéressé

du devoir est une sorte d'avarice morale
héréditaire, » que « la vertu et le vice sont
des produits naturels, comme le sucre et le
vitriol ; » que l'esprit humain n'est qu'un
mouvement moléculaire, une vibration, ou
encore le résultat de je ne sais quelle action
chimique au sein des cellules organiques.
J'ai trouvé ingénieux, mais bien insuffisant.
Vous m'êtes apparus semblables à un enfant
qui tâcherait à renfermer l'océan dans une
coquille de noix. Le phénomène a partout
débordé vos explications.

Comment ! Voici, sur ce grain de poussière
sidérale qu'on appelle la Terre, un être ap-
partenant au monde des infiniment petits, un
atome. Cet atome, avec une intelligence
inouïe et une insatiable curiosité, s'élance

dans les espaces, pesant les globes, calculant
leur éloignement ou leur révolution, analy-
sant leur substance. Puis il revient sur cette
terre qu'il habite, il la pèse, il la juge, il en
met à nu les ressorts cachés, et par une
suite de découvertes merveilleuses il arrive
à dompter sa planète, à supprimer pour ainsi
dire l'espace et le temps, à faire ce qu'il veut.
Enfin, non content de sillonner des éclairs
de sa pensée cet univers matériel trop étroit
pour son ambition, il part en explorateur
pour des régions inconnues, où toutes ses
facultés, tous ses sens lui manquent à la
fois, mais où il demande à pénétrer et qu'il
réclame de connaître.... Et cet être prodi-
gieux ne serait que ce qu'il apparaît sous
votre microscope, une « aggrégation de mo-

lécules inconscientes, » une « réunion d'ani-
malcules, » juxtaposés au hasard, sans idée
préconçue, sans but déterminé ?

Non, messieurs, mille fois non ! A vos
affirmations sans preuves rationnelles, j'op-
pose avec confiance, quoique sans preuves
rationnelles, mon affirmation. L'homme est
petit par son organisme matériel, il est grand
par sa nature spirituelle. Citoyen du monde
de l'esprit, c'est un esprit, intelligent et libre,
supérieur au temps et à l'espace, supérieur
à cet univers matériel qu'il embrasse d'une
pensée et domine d'un acte de volonté. Si
vous le voyez enfermé pour quelques jours
dans une aggrégation de molécules matérielles
auxquelles sa présence communique la vie,
sachez qu'il demeure distinct de cette enve-

4

loppe temporaire et caduque. Pourquoi un
esprit d'un si grand volume a-t-il été enfermé
dans un grain de poussière? Je ne sais. Le
grain de poussière peut rentrer dans la poussière ; cela n'ôtera rien à la vitalité de l'être
presque infini qui y était momentanément
enfermé. Au contraire, libre de toute entrave,
il s'élancera dans le monde qui est le sien,
impatient d'étancher aux sources vives de la
vérité la soif qui le dévore.

Vous direz que je me promène dans un
pays de chimères. Je n'en disconviens pas ;
comment ce monde invisible ne serait-il pas
une chimère pour votre raison bornée, puis-
qu'elle n'y peut pénétrer? Mais c'est de cela
même que nous sommes convenus dès
l'abord !

On raconte qu'un soir d'été deux frères se promenaient ensemble sur la rive de notre lac. L'un était clairvoyant, l'autre aveugle-né. Le clairvoyant célébrait en termes enthousiastes la splendeur des nuages de pourpre flottant dans une lumière dorée, la merveilleuse dégradation des teintes réfléchies par le miroir des eaux, l'éclat scintillant de l'étoile du soir.... L'autre écoutait sans comprendre ; son regard impuissant et vague errait au hasard : « Tu oublies, dit-il à son frère, que tu me parles une langue inconnue. Qu'est-ce que ce monde de la lumière et de la couleur dont tu parais enchanté? A quoi ressemble-t-il? De quoi se compose-t-il? Ma raison ne se l'explique pas, et mon imagination fait de vains efforts pour se le représenter. »

A l'ouïe de ces paroles mélancoliques, l'admirateur de la nature se tut. Il regrettait d'avoir réveillé chez son frère le sentiment douloureux d'une grande infortune. Mais supposez que dans sa compassion il eût voulu faire connaître à l'aveugle-né quelque chose des gloires d'un coucher de soleil, comment s'y serait-il pris ? quels raisonnements aurait-il appelés à son aide ? quelle définition, intelligible pour un aveugle, aurait-il donnée de la lumière ? L'entreprise était impossible : on voit la lumière, on ne la définit pas.

M. Ernest Havet a publié un article de critique sur les évangiles. Il commence par déclarer qu'à ses yeux le surnaturel n'existe pas. Or, ce qui distingue les évangiles de

toute autre biographie humaine, c'est précisément le surnaturel. Les clartés de l'invisible y revêtent les objets de couleurs parti-
culières, leur donnent leur cachet, leur
signification. Entrer dans ce sanctuaire avec
le parti-pris de nier le surnaturel, c'est agir
comme un critique d'art qui, au moment de
pénétrer dans un musée de peinture, en ferait
exclure toute lumière. M. Havet se promène
en aveugle dans le monde des évangiles, se
heurtant aux angles, trébuchant à chaque
pas, renversant tout dans sa marche déso-
rientée. Du reste, pas de raisonnements, et
en cela nous l'approuvons. Il suffit d'affirmer,
et M. Havet s'en donne à cœur-joie. Il
décrète, il tranche, il ordonne, il se pose en
juge ; et si l'on peut regretter quelque chose,

c'est qu'il y ait dans ses allures encore trop
de timidité. Les expressions : je crois, j'ima-
gine, peut-être, probablement, il me semble,
il est vraisemblable, reviennent trop fréquem-
ment sous sa plume. Un véritable aveugle
serait plus autoritaire, il nierait carrément
teintes et couleurs, après avoir posé en principe que la lumière n'existe pas.

Etes-vous jamais allé attendre le lever du
jour sur quelque haut sommet ? Vue de nuit,
la nature a des aspects mystérieux ; les objets
prennent des formes bizarres, les distances
se rapprochent ou s'éloignent sans mesure, les
plans du paysage se confondent, l'invraisem-
blable est partout. Mais au premier rayon de
soleil, quel coup de théâtre ! le chaos se dé-
brouille, l'ordre se rétablit, la réalité apparait
dans son harmonie et sa beauté.

V

Le monde invisible ne se démontre pas, il s'affirme. Les uns y croient, parce qu'ils le voient; les autres n'y croient pas, parce qu'ils ne le voient pas. Tel est le double fait que nous tenions à signaler, et tous les raisonnements du monde n'y changeront rien.

Il serait temps qu'on cessât de raisonner ou plutôt de déraisonner sur ce sujet suprarationel. C'était l'avis du grand positiviste Littré. Il se peut, a-t-il répété plus d'une fois, que le monde invisible existe; mais comme il échappe par sa nature même à toute inves-

tigation scientifique, nous n'avons le droit ni
de le nier, ni de l'affirmer ; contentons-nous
de l'ignorer.

Recommandation pleine de bon sens, dont
il eût fallu tenir compte dans la pratique ; et
c'est ce que Littré n'a pas fait. La tentation
lui venait toujours de franchir la barrière, et
il ne serait pas difficile de le trouver dans
ses ouvrages tantôt avec les spiritualistes,
tantôt contre eux, suivant l'inspiration du
moment.

Il n'est pas le seul qui se soit rendu cou-
pable de cette inconséquence. Presque tous
les partisans du naturalisme scientifique
rompent des lances en faveur des doctrines
matérialistes. D'où leur vient cette étrange
démangeaison de métaphysique ? Pourquoi

ne se bornent-ils pas à étudier les mys-
tères de la nature, si leur esprit est satisfait?
Pourquoi dans leurs ouvrages les plus étran-
gers à la religion, sont-ils hantés par cette
préoccupation bizarre de combattre le spiritualisme ? Si les choses invisibles ne sont
que fantômes, que ne les mettent-ils résolu-
ment de côté pour n'y plus penser ?

Il nous paraît que là est précisément le
triomphe du spiritualisme. L'homme le plus
décidé à ne s'occuper que du comment des
choses, est poussé par une force irrésistible
à s'inquiéter du pourquoi. Ce point d'interro-
gation se dresse au bout de toutes les avenues
où le conduit la science. Il s'en irrite, il pro-
teste ; mais cette éternelle protestation est la
preuve même de son embarras en présence

d'une question qu'il voudrait nier et qui toujours s'impose à lui. Il ne voit pas le monde invisible et il ne croit pas au monde invisible ; mais il est fait pour y vivre, et vous le verrez inquiet aussi longtemps qu'il n'y sera pas entré.

« Au milieu de ses succès et de ses triomphes, ni cet univers qu'il a subjugé, ni ces organisations sociales qu'il a établies, ni ces lois qu'il a proclamées, ni ces besoins qu'il a satisfaits, ni ces plaisirs qu'il diversifie, ne suffisent à son âme. Un désir s'élève sans cesse en lui et lui demande autre chose. Il a examiné, parcouru, conquis, décoré la demeure qui le renferme, et son regard cherche une autre sphère. Il est devenu maître de la nature visible et bornée, et il a soif d'une nature invisible et sans bornes. Il a pourvu à des intérêts qui, plus compliqués et plus

factices, semblent d'un genre plus relevé. Il
a tout connu, tout calculé, et il éprouve de
la lassitude à ne s'être occupé que d'intérêts
et de calculs. Une voix crie au fond de lui-
même et lui dit que toutes ces choses ne sont
que du mécanisme, plus ou moins ingénieux,
plus ou moins parfait, mais qui ne peuvent
servir de terme ni de circonscription à son
existence, et que ce qu'il a pris pour un but
n'était qu'une série de moyens. » (Benjamin
Constant, *De la religion.*)

Le vrai but de l'homme, il y en a qui le
voient et qui en savent le chemin. Ne pou-
vant argumenter, n'ayant pas de preuves
rationnelles à fournir dans un sujet qui n'en
comporte point, leur rôle est d'affirmer la
vérité ; de l'affirmer non par des paroles seulement, mais par des actes. Jésus-Christ
que je ne veux envisager ici que comme le

prince des spiritualistes, Jésus-Christ n'argumentait pas. Il ne semble pas que la pensée lui soit venue de fournir des preuves de l'immortalité de l'âme ou de l'existence de Dieu, quoiqu'il y eût des athées et des matérialistes parmi les habitants de la Judée romaine. Représentant du monde spirituel, il se contentait de vivre comme si le monde spirituel était une réalité. Tout mêlé qu'il fût aux affaires humaines, il se tenait constamment dans la région sereine de l'invisible; et c'était là le vrai moyen de le traduire à l'usage de ceux qui ne le voient pas.

Au reste, les matérialistes ne sont pas, pour la plupart, tellement aveugles qu'il ne se trouve dans leur âme les rudiments d'un organe visuel. Il en est peu qui n'aient des moments lucides, des clairvoyances passagères, quand les circonstances s'y prêtent.

La nuit, par exemple. Quand le silence s'est fait dans la nature, disposant au recueillement, et que les ténèbres dérobent aux regards le monde des phénomènes sensibles, l'œil spirituel s'ouvre et des lueurs de l'invisible descendent jusqu'à lui. Certaines pensées que le matérialiste ne se connaissait pas surgissent dans son cerveau. Malgré lui il entre, il s'enfonce dans les profondeurs de cet univers inconnu où des voix l'appellent, où des images confuses s'offrent à ses regards, où des souvenirs lointains semblent se réveiller en lui. Mais il résiste à l'appel d'en haut ; alors la porte se referme, la vision s'évanouit.

Je n'y saurais songer sans crainte et sans espoir ;
..... Malgré moi, l'infini me tourmente.
Et quoi qu'on en ait dit, ma raison s'épouvante
De ne pas le comprendre et pourtant de le voir [1].

D'autres fois cette clairvoyance passagère se produit dans une de ces heures de crise où l'organisme est secoué par quelque violente émotion. Je traversais, il y a quinze ou seize ans, la Méditerranée, quand le bâtiment qui me portait fut assailli par une tempête. Pendant cette nuit lugubre où il semblait à chaque instant que nous fussions sur le point de sombrer, un grand paquebot (*l'Atlas*) ayant déjà coulé à pic à quelques kilomètres de nous, j'observais un groupe d'officiers anglais revenant des Indes. C'étaient de ces joyeux compères qui se vantent de ne croire

[1] A. de Musset, *Espoir en Dieu.*

ni à Dieu ni à la vie future. Pourquoi les voyait-on si pâles et si tremblants ? Pourquoi ces incrédules se prenaient-ils à réciter des prières ? La mort avait-elle des terreurs pour ces guerriers ? Nullement, et au milieu d'une bataille, enivrés par l'odeur de la poudre et le son des trompettes, ils l'auraient affrontée en chantant. Mais il faisait un temps à dissiper toute ivresse, la mort les regardait en face, et leurs facultés surexcitées leur montraient derrière la mort les terreurs du monde invisible.

Un cas remarquable de ce phénomène de clairvoyance se présente parfois au moment où la vie physique va s'éteindre. Je l'ai observé bien des fois, toujours avec saisissement. Voici un homme couché sur son lit de mort.

Pendant sa vie il a nié le monde invisible ;
on l'a mainte fois entendu redire avec un ac-
cent de sincérité qu'après la mort tout est
mort. Il semble qu'au moment d'entrer dans
ce repos éternel du néant qu'il a peut-être
longtemps souhaité, il ait le droit d'être tran-
quille. Il ne l'est point toujours. Son regard
se fixe obstinément sur cet au-delà auquel
sa raison refuse de croire, et la vue de cet
abîme inconnu lui donne le vertige. Neuf
fois sur dix cet incrédule fera appeler un mi-
nistre de la religion. Est-ce lâcheté ? Mais cet
homme, je le connais ; ce n'est pas un lâche.
Il lui faut du courage pour donner le démenti
à sa vie entière, et cela peut-être en présence
de ses vieux camarades. L'explication de ce
phénomène, la voici. Ce moribond a senti son

être se dédoubler. Tandis que son organisme physique se dissolvait, ses facultés morales conservaient leur vitalité. Peut-être même ses perceptions sont-elles devenues d'autant plus vives que son corps s'affaiblissait davantage. Il n'a plus qu'une goutte de sang dans les veines, son souffle se ralentit, dans quelques instants il aura cessé de vivre; mais son *moi* persiste, il se sent aussi vivant, plus vivant que jamais. Le malheureux prévoit qu'il va survivre à la destruction de son corps.

Ainsi, quand la nature psychique a été pendant la vie un obstacle au libre déploiement des facultés de l'esprit, il arrive parfois qu'au moment où la chair défaut, l'esprit reprend sa liberté. Ses yeux s'ouvrent, et il

plonge un regard éperdu dans ce monde de
l'éternité dont il n'avait peut-être pas même
soupçonné l'existence.

Au surplus, il n'est pas absolument nécessaire d'attendre l'heure suprême pour faire
connaissance avec ce monde-là. Je n'en veux
pour preuve que l'aveu échappé, longtemps
avant sa mort, au plus illustre disciple d'Aug.
Comte : « L'immensité, tant matérielle qu'in-
tellectuelle, tient par un lien étroit à nos
connaissances et devient par cette alliance
une idée positive et de même ordre ; je veux
dire que, en les touchant et en les bordant,
cette immensité apparaît sous son double ca-
ractère, la réalité et l'inaccessibilité. C'est un
océan qui vient battre notre rive et pour lequel nous n'avons ni barque, ni voile, mais

dont la claire vision est aussi salutaire que formidable [1]. » Ce passage est instructif à plus d'un égard. Littré n'était pas aussi aveugle qu'il voulait bien le dire; il a eu ses heures de *claire vision*, ou de clair-voyance. Qui dira si là n'est pas le secret de cette conversion *in extremis* qui a si fort scandalisé ses anciens amis? Mais il se trompait en affirmant que nous n'avons ni barque, ni voile pour traverser le grand océan. La conscience est une barque sûre; et pour y monter, pour passer du visible à l'invisible, n'avons-nous pas une planche, une vraie planche de salut, l'hypothèse scientifique.

Quand nous avons voulu expliquer le mys-

[1] *Auguste Comte et la philosophie positive,* pag. 505.

térieux phénomène de la pesanteur, nous
avons eu recours à une hypothèse, l'attrac-
tion moléculaire. Nous avons agi comme si
cette hypothèse était la vérité ; et, à l'épreuve,
il s'est trouvé qu'elle expliquait d'une manière satisfaisante le phénomène de la chute
des corps. Nous en avons conclu à la réalité
de cette loi, qui a suffi aux astronomes pour
affirmer l'existence de planètes invisibles,
perdues dans les profondeurs de l'espace. Or
il se passe, dans le monde, des phénomènes
aussi constants que celui de la pesanteur et
qui n'ont rien à faire avec les principes des
lois naturelles. Aucune loi physique, n'en
déplaise à Spencer, ne rendra raison de la
vertu, ni de la persistance au travers des
siècles de la notion du devoir. Le sentiment

de l'obligation ne s'explique que par l'existence d'un être suprême, auteur de la loi du devoir. Pour la raison, ce n'est qu'une hypothèse, mais une hypothèse logique, nécessaire, attendu qu'il n'est pas dans l'ordre des choses qu'on soit obligé envers une idée ou envers rien du tout.

Quoi dès lors de plus scientifique que d'agir comme si cette hypothèse était l'expression de la vérité? Quoi de plus scientifique que de pratiquer la justice et la charité, dans l'hypothèse que ce sont des lois édictées par un Etre souverain, qui est lui-même justice et charité? Nous croyons qu'il suffit de faire cette expérience sérieusement, pour entrer dans le domaine des choses invisibles et se trouver soumis à l'action des lois qui le régissent. Alors les prétendues chimères deviennent des vérités d'évidence, devant lesquelles l'esprit humain, qui est fait pour elles et qui les reconnaît, s'incline avec bonheur. Libre à lui désormais de les étudier, de les analyser, de les classer, d'en préciser les relations, d'en déterminer les lois, et d'en faire ainsi, à l'aide de sa raison rentrée en exercice, l'objet d'une science à laquelle Littré lui-même ne refuserait pas le nom de positive.

VOLUMES PARUS :

Arthur Imer, éditeur,
à Lausanne.

PETITE BIBLIOTHÈQUE DU CHERCHEUR

Collection de volumes in-32
traitant des questions scientifiques, morales et religieuses.

Prix de chaque volume : 60 cent.

Vingt exemplaires du même volume pris à la fois   10 fr.
50 ex., 22 fr. 50. — 100 ex., 40 fr.

ABONNEMENT PAR SOUSCRIPTION
à une ou plusieurs séries de six livraisons.

Tout souscripteur à un minimum de six livraisons sera considéré comme *abonné* à la *Petite bibliothèque du chercheur* et, à ce titre, recevra chaque nouveau volume avant la mise en vente, franco et sans augmentation de prix. La valeur de chaque série, soit 3 fr. 60, sera prise en remboursement en envoyant la troisième livraison.

L'abonnement commence et cesse à volonté, sans toutefois comprendre moins de six livraisons.

Glardon, Aug.
Le Monde invisible

28693

www.ingramcontent.com/pod-product-compliance
Lightning Source LLC
LaVergne TN
LVHW022015080426
835513LV00009B/737